2724

ÉPITRE

A M. LAURENT,

CHEVALIER DE L'ORDRE DE S. MICHEL,

A l'occasion du Bras artificiel qu'il a fait pour un Soldat Invalide.

A LONDRES,

M. DCC. LXI.

AVERTISSEMENT.

CETTE Epître adressée à M. Laurent, est un hommage dû à la supériorité de son génie & à l'élévation de ses sentimens. La Poésie rencontre rarement la réunion de ces qualités si propres à l'échauffer. Je n'ai pas prétendu flatter ce célébre Artiste ; il n'en a pas besoin. J'ai voulu me faire honneur en lui rendant justice. Comme plusieurs endroits de cet Ouvrage roulent sur des faits qui pourroient être ignorés de quelques personnes, je crois devoir les détailler ici. M. Laurent né en Flandres, a opéré dans ce Pays des prodiges d'industrie. On lui doit plusieurs sortes d'Ecluses d'un genre nouveau, un nombre infini de Machines pour les transports & pour d'autres usages. Un de ses Chefs-d'œuvres c'est la Machine de Poterne. Il s'agissoit de construire une grille de fer & de bois sur l'Escaut devant Valenciennes, pour en interdire la sortie aux Déserteurs, & l'entrée aux Ennemis. On avoit déja dressé un plan défectueux à plusieurs égards. Entr'autres inconvéniens il auroit fallu, pour poser & pour retirer cette Grille ainsi exécutée, plus de deux heures & plus de cinquante hommes. M. Laurent eut le mérite de montrer ces défauts, & le mérite plus rare encore de faire mieux. Il opéra de façon que pour remuer & conduire cette Machine énorme, il ne faut que la main d'un homme & quelques minutes. Telle est la simplicité qu'il a sçû mettre dans tous ses Ouvrages ; vrai caractere du génie dans quelque genre que ce soit.

M. Laurent n'a pas moins réussi dans les desséchemens de marais. Plusieurs lieues de pays en Flandres long-tems submergées, sont maintenant couvertes de moissons. La Brétagne l'a vû épuiser des marais immenses qui déroboient à notre Commerce des Mines abandonnées même par des Anglois & des Allemands.

Un autre prodige dont la Ville & la Cour ont été témoins, est le bras que M. Laurent a rendu à un soldat invalide. Ce Soldat avoit eu les deux bras emportés en chargeant un Canon. Comme l'épaule droite fût fracassée, il n'a pas été possible d'y adapter un bras. Il restoit au bras gauche environ quatre ou cinq pouces de moignon. C'est à celui-là que M. Laurent a ajouté un bras artificiel. Son action ne dépend d'aucun ressort, il se meut à la volonté de celui qui le porte, & l'aisance de son jeu va jusqu'à écrire très-lisiblement. La vûe de ce Chef-d'œuvre a fait naître cette Epître. Puissé-je n'être pas au-dessous du Sujet !

ÉPÎTRE
A M. LAURENT,
CHEVALIER DE L'ORDRE DE S. MICHEL.

RCHIMEDE nouveau qui, par d'heureux efforts,
Pour dompter la nature imites ses ressorts,
Qui sers l'humanité, ton maître & ta Patrie,
Ma Muse doit des Vers à ta noble industrie.
Assez d'autres sans moi fouilleront leur encens ;
Qu'ils l'offrent à Plutus, je le dois aux talens.
Les talens de nos biens, sont la source féconde :
Ils forment les trésors & les plaisirs du monde.
Sur cette terre aride, asyle des douleurs,
L'un fait naître des fruits, l'autre seme des fleurs.
Pourquoi faut-il, hélas ! que notre esprit volage
N'aime que le brillant dont nos mœurs sont l'image ?

Oui, j'aime à voir Pigall, par fa favante main,
Donner des fens au Marbre, & la vie à l'Airain.
Je dévore des yeux ces toiles animées
Où brillent de Vanloo les touches enflammées.
Racine me ravit par le charme des Vers ;
Et Veftris par la Danfe, & Rameau par fes Airs.
Mais ferai-je infenfible à ces talens utiles,
Qui portent l'abondance à nos Cités tranquilles ;
Qui pour nous en tous lieux, multipliant leurs foins,
Confacrent le Génie à fervir nos befoins ?
Non, ces Arts bienfaiteurs font refpectés des Sages ;
Et moins ils font brillans, plus on leur doit d'hommages.

Sans doute, ils te font dûs, mortel induftrieux :
Oui, tu gagnes mon cœur en étonnant mes yeux.
Cet art qui, fuppléant la force par l'adreffe,
Fixe la pefanteur, calcule la vîteffe ;
Affervit à fes loix & l'efpace & le tems,
Et maîtrife à fon gré le feu, l'onde & les vents.
Cet Art a fignalé l'aurore de ta vie,
Ton ame l'embraffa par l'inftinct du génie.
* Déja tes foibles mains, que laffoit le repos,
Préludoient en jouant à tes hardis travaux.

---

* Le célèbre Cardinal de Polignac ayant vû une Machine qu'avoit fait M. Laurent à l'âge de huit ans, annonça que cet enfant feroit un jour un grand Méchanicien.

Un Aſtre impérieux nous fait ce que nous ſommes ;
Et les jeux de l'enfance annoncent les grands Hommes ;
Tel Buffon, dans le ſein d'un germe à peine éclos,
Déja diſtingue un tronc des fruits & des rameaux.

Quels prodiges depuis ont rempli ta carriere !
Je te ſuis dans les champs de la Flandre guerriere,
Triſtes champs où Cerès voit naître ſes moiſſons,
Du ſang dont le Dieu Mars engraiſſe les ſillons.
Là ton art ſur l'Eſcaut, pour défendre nos Villes,   *Machine de Poterne.*
Poſoit des murs de fer & des remparts mobiles ;
Lançoit ſur l'Ennemi des torrens déchaînés,   *Ecluſes.*
Ou portoit nos Soldats ſur les flots étonnés.   *Ponts portatifs.*

Mais la gloire t'appelle à de plus grands miracles :   *Deſſéchement des Mines.*
La puiſſance d'un Art s'accroît par les obſtacles.
C'eſt par eux qu'un Dieu ſage, irritant nos efforts,
Nous enchaîne au travail, & nous vend ſes tréſors.
C'eſt ainſi que ſes mains avares & fécondes
Ont caché ſous la terre, en des mines profondes,
Cet or qui fait mouvoir & vivre les Etats,
Et le bronze & l'airain tonnans dans les combats ;
L'acier qui fait tomber les Sapins & les Chênes,
Le fer qui de Cerès fertiliſe les plaines ;

Et le métal enfin qui, docile à nos loix,
S'arrondit en canaux, ou s'étend fur nos toits.

Long-tems de ce métal peu brillant, mais utile,
La Bretagne en fes flancs cacha l'amas fertile.
Dans de vaftes marais ces tréfors fubmergés,
Perdus pour le Commerce, y languiffoient plongés.
Là l'Etranger avide accourut avec joie:
Mais bien-tôt fa foibleffe abandonna fa proie.
Tu parois: l'Onde fuit: la Terre ouvre fon fein,
Et ne rend ces tributs qu'à ta puiffante main.

Heureux qui fait briller par d'utiles prodiges!
D'autres féconds pour nous, en frivoles preftiges,
Ofent proftituer à de pénibles jeux
Un Art qu'à nos befoins ont deftiné les Dieux.
Pour leurs Concitoyens, que produit leur adreffe,
Ils nourriffent le luxe, ils flattent la moleffe.
Oui: dans eux le génie eft un enfant badin:
Mais dans toi c'eft un Dieu propice au genre humain.

Tu fentis le pouvoir de fes mains bienfaifantes,
Tu les mouilles encor de tes larmes touchantes,
Infortuné mortel, heureux dans ton malheur
Par fes rares talens, plus encor par fon cœur. *

---

* M. Laurent a prouvé que la bonté de fon cœur eft égale à la grandeur de fon génie, en follicitant pour ce Soldat des fecours de plufieurs perfonnes illuftres, & en lui faifant lui-même une gratification confidérable.

Je crois voir le moment où des traits de la foudre
Tes bras au champ de Mars furent réduits en poudre.
Je crois te voir encor meurtri, défiguré,
Traînant le reste affreux de ton corps déchiré;
Te montrer tout sanglant à sa vûe attendrie;
La pitié qui lui parle enflamme son génie.
O prodige! Ton bras reparoît sous sa main:
Ses nerfs sont remplacés par des fibres d'airain.
De ses muscles nouveaux, essaïant la souplesse,
Il s'étend & se plie, il s'éléve & s'abaisse.
Tes doigts tracent déja ce nom que tu chéris:
La Nature est vaincue, & l'Art même est surpris.

Que ne peut point de l'Art l'activité féconde!
C'est par elle que l'homme est Souverain du monde.
De la nature en vain tu crois naître le Roi,
Mortel, sans le travail rien n'existe pour toi.
Ce globe n'est soumis à ta vaste puissance,
Qu'à titre de conquête, & non pas de naissance;
Et tu n'es distingué parmi les animaux,
Que par ton noble orgueil, ton génie, & tes maux.
Vois l'énorme Eléphant dont la masse effrayante
Fait trembler les forêts dans sa course pesante.
Près de ce mont vivant que font tes foibles bras?
Mais sa force n'est rien: il ne la connoît pas.

B

Tu peux bien plus que lui connoiffant ta foibleffe.
Tu fens ton indigence, & voilà ta richeffe.
Déja l'Art t'a foumis l'air, la terre & les mers,
Déja je vois éclore un nouvel Univers.
Tes jours font plus fereins, tes champs font plus fertiles;
Ton corps devient moins foible & tes fens plus agiles.

<small>Microfcope, Télefcope.</small> Le verre aide ta vûe, il découvre à tes yeux
Des mondes fous tes piés, des mondes dans les Cieux.
A l'aide du levier, du poids & de la roue,
Des plus pefans fardeaux ton adreffe fe joue.
Les forêts à ta voix defcendent fur les eaux,

<small>Les Ports.</small> Les rivages creufés embraffent tes Vaiffeaux.
Le Ciel regle leur cours écrit fur fes Etoiles.
Le fougueux Aquilon eft captif dans leurs voiles.
C'eft par eux que comblant les gouffres de Thétis,
Tu joins deux Continens l'un par l'autre aggrandis.

<small>Canal de Languedoc.</small> Là pour unir deux mers tu perças des montagnes,
Creufas des fouterreins, inondas des campagnes.

<small>Les Hollandois.</small> Plus loin de l'Océan tu reculas les eaux,
Un empire s'éléve où mugiffoient des flots.
Tu changeas des marais en des plaines fertiles;

<small>Venife.</small> Sur l'abîme des Mers tu fufpendis des Villes.

<small>Pyramydes d'Egypte.</small> Les monumens du Nil, vainqueurs du tems jaloux,
Nés avec l'Univers ont vécu jufqu'à nous.

Oui : telle est ta foiblesse & ton pouvoir suprême,
Les œuvres de tes mains survivent à toi-même.

 Autour de nous enfin promenons nos regards.
Là je vois de plus près & j'admire les Arts;
Le Cyclope noirci des feux qui l'environnent,
Verse à flots embrasés les métaux qui bouillonnent;
La flamme cuit le vase arrondi sous nos doigts;
L'acier ronge le fer, ou façonne le bois;
Sur les Fleuves profonds me formant une route,
Des rochers sous mes pas se sont courbés en voûte;
Par les eaux ou les vents, au défaut de mes mains,   Moulin eau.
Le cylindre roulé met en poudre mes grains.   Moulin vent.
Ici l'or en habits se file avec la soie :   Manufacture de Drap
En des tableaux tissus la laine se déploie.   Tapisserie des Gobelins
Là le sable dissous par les feux dévorans,
Pour les Palais des Rois brille en murs transparens.   Glaces.
Sur un papier muet la parole est tracée.   Ecriture
Par un mobile airain on grave la pensée;   Imprimerie
Mille fois reproduite elle vole en tous lieux.
Le tems a pris un corps, & marche sous mes yeux.   Horlogerie
O prodige de l'Art ! sous une main hardie   Le Canard
Le cuivre des oiseaux reçoit l'ame & la vie.   & le Flûteur de M. de Vaucanson
L'Automate animant l'yvoire harmonieux,
Forme sous des doigts morts des sons mélodieux.

Pompes. Voi ces doubles Canaux où par l'air appellées
Pour jaillir en torrens les ondes font foulées !
Si le feu dans la nuit, irrité par les vents,
Se roule en tourbillons dans des Palais brûlans,
Mille fleuves soudain s'élancent jusqu'au faîte :
L'onde combat la flamme, & sa fureur s'arrête.
Avec plus d'Art encor ces utiles canaux
Dans d'arides déserts ont transporté des eaux.
Privé de ce secours, le superbe Versailles
Étaloit vainement l'orgueuil de ses murailles :
Mais, que ne peut un Roi ? Près du riant Marly,
Que Louis, la Nature & l'Art ont embelli,
S'éléve une Machine, où cent tubes ensemble
Verse dans des Bassins l'eau que leur jeu rassemble.
Élevés lentement sur la cime des Monts,
Ces flots précipités roulent dans des Vallons,
Raniment la Verdure, ou baignent des Naïades,
Jaillissent dans les Airs, ou tombent en Cascades.

Puisse un jour cet Ouvrage, avec l'utilité
Unir dans sa grandeur plus de simplicité ;
Puisse une main avare avec magnificence
* Réparer ou créer cette Machine immense :

---

* Tout le monde convient que la Machine de Marly est trop compliquée.

Retrancher des reſſorts l'amas tumultueux,
Rendre leur jeu plus sûr & plus impétueux,
Sans nuire à leur effet, borner leur étendue,
Et m'étonner encor ſans fatiguer ma vûe.

    Mortels, de la Nature induſtrieux Rivaux,
Dans leur majeſté ſimple imitez ſes travaux :
Avec le grand Newton, admirant ſa puiſſance,
Par un rapide eſſor juſqu'au Ciel je m'élance.
Là, mon œil voit nager dans l'Océan des airs
Tous ces corps dont l'amas compoſe l'Univers.
Autour du dieu des ans, tranquille dans ſa ſphère,
Les Aſtres vagabonds pourſuivent leur carriere :
Notre globe qu'entraîne une commune loi,
S'incline ſur ſon axe, & roule autour de ſoi.
La Mer aux tems marqués & s'éleve & s'abaiſſe ;
La Lune croît, décroît, fuit & revient ſans ceſſe ;
Autour de leurs ſoleils que de mondes flottans !
Un ſeul reſſort produit tous ces grands mouvemens.
De la ſimplicité quel ſublime modele !
Sans elle rien n'eſt beau, tout s'embellit par elle :
LAURENT, oui tu connus cette admirable Loi ;
Tes Ouvrages ſont grands & ſimples comme toi.

    Acheve ; & déployant ta force toute entiere,
De l'Art qui t'illuſtra recule la barriere :

Tout semble t'inviter à de nouveaux efforts;
La gloire de ton nom t'a conduit fur ces bords;
Où de tous les plaifirs le François idolâtre,
Aux Talens qu'il honore ouvre un vafte Théâtre.
D'un bout du monde à l'autre affemble tous les Arts,
Et des Peuples rivaux étonne les regards:
C'eft-là qu'en t'admirant, il va te reconnoître;
Paris s'eft applaudi lorfqu'il t'a vû paroître,
Et ces murs, fi féconds en pompeux Monumens,
Attendent de tes mains de nouveaux Ornemens.
Là, tandis que vengeant l'honneur de la Patrie,
Le Louvre reprendra fa majefté flétrie:

La Statue de Louis XV. par l'illuftre Bouchardon.

Tandis que, d'un Monarque adoré des François,
Le bronze avec orgueil reproduira les traits;

Les deux Machines du Pont Notre-dame fourniffent à Paris une quantité d'eau trop petite pour une fi grande Ville.

La Seine s'élevant de fes grottes profondes,
A ta Loi fouveraine affervira fes ondes;
Et fe multipliant dans de nombreux canaux,
Formera dans Paris mille fleuves nouveaux.

Artifte ingénieux, & Citoyen fidèle,
Dès long-tems ta Patrie a reconnu ton zèle;
En vain ce Peuple fier, jaloux de nos fuccès,
Le Rival, & furtout l'Ennemi des François:

---

* Le Roi de Pruffe & celui d'Angleterre ont fait à M. LAURENT, pour l'attirer chez eux, des propofitions très-avantageufes, que le feul amour de la Patrie lui a fait refufer.

En vain ce Roi fameux par les Arts & la Guerre,
Qui tour à tour inftruit & ravage la Terre,
Efpéroient à prix d'or acheter ton fecours;
Tu dois à ton Pays ton génie & tes jours.
Malheur au Citoyen ingrat à fa Patrie,
Qui vend à l'Etranger fon avare Induftrie!

Et vous qui des Talens voulez cueillir les fruits,
Excitez leurs travaux, & connoiffez leur prix;
Ces arbres languiffans dans un climat ftérile
Fleuriront à l'envi fur un fol plus fertile.
Pourquoi vous difputer des Provinces, de l'or?
Les Grands Hommes, les Arts! Voilà le vrai Tréfor.
Ofez les conquérir par d'utiles largeffes;
Ils ne demandent point d'orgueilleufes richeffes.
Ils laiffent à Plutus le fafte & les grandeurs:
Que faut-il à l'abeille? Un azile & des fleurs.

Ah! s'il eft quelque bien qui flatte leur envie,
C'eft l'honneur: aux Talens lui feul donne la vie.
LOUIS qui, raffemblant tous les Arts fous fa Loi, *Louis XIV*
Du fardeau de régner fe délaffoit en Roi:
LOUIS de fes regards récompenfoit leurs veilles;
Un coup d'œil de LOUIS enfantoit les Corneilles.

Citoyen généreux, ainfi ton Souverain,
T'égalant aux Héros, annoblit ton deftin;

Trop souvent le hasard dispense ce beau titre:
Hélas! Si la vertu des rangs étoit l'arbitre,
Peut-être un malheureux, mourant sur son fumier,
Du dernier des humains deviendroit le premier.
 Tes Talens du hasard ont réparé l'outrage;
 Ton nom n'est dû qu'à toi, ta gloire est ton ouvrage.
 D'autres feront parler d'antiques parchemins,
 Ces monumens fameux qu'ont élevés tes mains;
 Ces chefs-d'œuvres brillans, ces fruits de ton génie,
 Tant d'utiles travaux qu'admira ta Patrie:
 Voilà de ta grandeur les titres glorieux;
 Là ta noblesse éclate & frappe tous les yeux.
Que font de plus ces Grands, dont la fiere indolence
Dévore lâchement une oisive opulence?
Que laissent en mourant à leur postérité
Ces mortels corrompus par la prospérité?
Des exemples honteux, de coupables richesses;
Un nom jadis sacré, souillé par leurs bassesses.
Tes enfans plus heureux hériteront de toi
L'exemple des Talens, le zèle pour leur Roi,
L'amour du bien public qui t'anime & t'enflamme;
La noblesse du nom & la grandeur de l'ame.

M. Laurent a reçu du Roi des Lettres de Noblesse, & été décoré du Cordon de l'Ordre de Saint Michel.

FIN.

www.ingramcontent.com/pod-product-compliance
Lightning Source LLC
Chambersburg PA
CBHW061617040426
42450CB00010B/2540